cocina**fácil**internacional

Carnes

cocina**fácil**internacional

Carnes

CONTENIDO

Clave de símbolos

Las recetas de este libro están acompañadas por símbolos que indican información importante.

 Informa el número de comensales para los que está pensada la receta, o la cantidad.

 Indica el tiempo necesario para preparar y cocinar un plato. Junto a este símbolo se indica si es necesario tiempo adicional para operaciones como marinar, reposar, dejar que suba una masa o enfriar. Deberá leer la receta para saber exactamente cuánto tiempo más se necesita.

 Avisa lo que hay que hacer antes de comenzar a cocinar la receta, o partes de la misma que requieran un tiempo prolongado.

 Indica la necesidad de utensilios especiales. Siempre que sea posible, se ofrecen alternativas.

 Introduce información sobre congelación.

Técnicas

Deshuesar una pierna de cordero

La pierna consta de tres huesos: el pélvico, que es el más ancho, el fémur y el jarrete. El deshuesado de la pierna le ayudará a cocinarla de forma uniforme.

1 Localice la pelvis y haga una incisión desde ella hasta la parte inferior de la pierna, a través de la carne y hasta el hueso. Trabaje haciendo cortes pequeños con el cuchillo.

2 Siga haciendo cortes pequeños junto al hueso para desprenderlo de la carne (use solo la punta del cuchillo para no rasgarla). Corte la carne que rodea la rótula y el jarrete.

3 Cuando llegue al final de la pierna, corte los nervios y tendones para desprender totalmente el hueso. Podrá extraer los tres huesos (pélvico, fémur y jarrete) de una sola pieza.

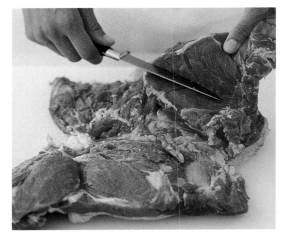

4 Abra la pierna deshuesada sobre la tabla. Haga pequeños cortes horizontales, con la punta del cuchillo, en las «alas» carnosas y gruesas que quedan a ambos lados.

Deshuesar una silla de cordero

Una vez deshuesada, la silla de cordero es más fácil de usar
y perfecta para rellenar.

1 Con un cuchillo afilado, despegue la membrana
que cubre la parte grasa y dele vuelta. Trabajando
desde el centro con movimientos cortos, corte los
dos filetes de cada lado de la columna. Resérvelos.

2 Separe el borde exterior de un lado de la
columna mediante cortes breves. Trabaje desde
el borde hacia el centro para liberar un lado de
la columna. Repita por el otro lado.

3 Comenzando por un extremo, realice cortes
breves debajo y alrededor de la columna. Cuando
esta se desprenda de la carne, levántela y corte
por debajo.

4 Trabaje desde el centro hacia fuera para quitar la
carne y la grasa de las tapas exteriores y cuadre
los bordes. Dele la vuelta, haga incisiones a través
de la grasa del otro lado y cocínela a su gusto.

Costillar de buey asado

Este clásico plato requiere poco esfuerzo, pero será memorable si se asa a la perfección.

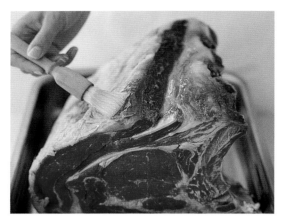

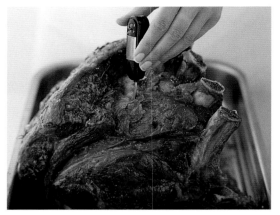

1 Precaliente el horno a 230 °C (gas 8). Pinte con aceite y esparza hierbas aromáticas. Haga varios cortes e inserte en ellos las hierbas y ajo en láminas. Ponga el costillar en una bandeja con las costillas hacia abajo y lleve la bandeja al horno 20 min.

2 Baje la temperatura a 160 °C (gas 3) y siga asando el tiempo restante (unas 2 h). Puede usar un termómetro de carne para asegurarse de que está cocida (a 50 °C estará a término medio). Deje reposar 15–20 min cubierta con papel de aluminio.

Trinchar roast beef

Es importante dejar reposar el asado 20–30 min; así, la carne se relaja y retiene sus sabrosos jugos.

1 Ponga el asado con las costillas hacia arriba sobre una tabla de trinchar. Sujete la carne firmemente con un tenedor trinchante y corte de arriba abajo con un movimiento de sierra junto a los huesos.

2 Deseche los huesos y ponga la carne en la tabla con la grasa hacia arriba. Corte tajadas de arriba abajo contra la dirección de las fibras. Reserve los jugos de la bandeja para hacer la salsa.

Cocer y glasear un codillo de cerdo

Al cocer un codillo o un jamón (los cuartos traseros del cerdo) se elimina el exceso de sal de la salmuera en que se curó.

Cocer

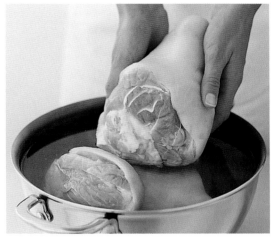

1 Ponga los codillos en una olla con agua fría y déjelos 24 h en remojo en el refrigerador para desalarlos. Retírelos y lávelos con agua fría. Póngalos en una olla cubiertos con agua fría y llévela a ebullición.

2 Cuando la espuma suba a la superficie, escúrralos, lávelos otra vez y póngalos en una olla limpia. Añada caldo y los demás ingredientes, llévelo a ebullición y déjelo a fuego lento, tapado, durante 2 h 30 min.

Glasear

1 Con un cuchillo afilado, haga incisiones en forma de rejilla en la grasa para que el glaseado penetre en la carne y le dé sabor. Caliente una glasa de azúcar morena y mostaza inglesa hasta que se derrita.

2 Úntela sobre la grasa. Ase la carne como indique su receta, cubierta con papel de aluminio (no envuelta). Retire el papel durante los últimos 30 min de cocción para que se dore en la parte superior.

Cocinar bistecs

En la sartén

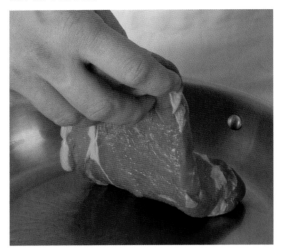

1 Ponga una sartén a fuego alto hasta que esté muy caliente pero sin que llegue a humear. Engrásela con un poco de aceite, ponga el bistec y fríalo la mitad del tiempo recomendado en la página siguiente o en la receta.

2 Dele la vuelta con unas pinzas y fríalo por el otro lado el tiempo restante. Cuando la carne está cocida a su gusto, retire el bistec de la sartén, tápelo con papel de aluminio y déjelo reposar 5 min antes de servir.

En la barbacoa

Encienda la barbacoa con antelación para que las brasas estén en las condiciones idóneas. Pinte la carne con aceite antes de ponerla sobre la rejilla. Siga los tiempos indicados en la siguiente página o en la receta y dele la vuelta a media cocción.

A la plancha

Ponga una plancha o una parrilla de hierro al fuego hasta que esté muy caliente, sin humear. Pinte la carne con aceite antes de ponerla en la plancha. Siga las instrucciones de tiempo indicadas en la siguiente página o en la receta y dele la vuelta a media cocción.

Cómo conseguir el bistec perfecto

Los tiempos indicados más abajo son para cocinar entrecots, chuletas de aguja o chuletones de 4 cm de grosor a la barbacoa, a la plancha o a la parrilla. El tiempo variará según el tipo de utensilio, la temperatura del fuego y la calidad y el grosor de la carne. Dé la vuelta al bistec a media cocción.

Rojo: áselo justo hasta que tome color por ambos lados. La carne debe estar muy blanda y de color púrpura por dentro. Tiempo de cocción: 2–3 min.

Medio: dele la vuelta cuando vea gotas de sangre en la superficie. Debe estar suave y esponjoso, y el interior de color rojo. Tiempo de cocción: 6–8 min.

Tres cuartos: dele la vuelta cuando empiece a soltar jugo. Debe ofrecer resistencia al presionarla y se ve rosada en el centro. Tiempo de cocción: 10–12 min.

Bien cocido: dele la vuelta cuando los jugos sean muy visibles. Debe ser firme al tacto y estar dorada uniformemente. Tiempo de cocción: 12–14 min.

Tacos

Los tacos pueden ser una cena familiar sencilla, saciante y que no requiere cubiertos

INGREDIENTES

1 cda. de aceite de oliva
1 cebolla blanca bien picada
sal
2 dientes de ajo machacados
  o bien picados
1 ají verde fresco sin semillas
  y bien picado
675 g de ternera magra molida
300 ml de caldo de vegetales caliente
4 tomates pelados y picados
1 manojo de cilantro fresco
  bien picado
8 tortillas para tacos
75 g de queso curado tipo
  cheddar, rallado

PREPARACIÓN

1 Precaliente la parrilla a la máxima temperatura. Caliente el aceite en una sartén a fuego medio y sofría la cebolla con una pizca de sal, salteando un par de minutos hasta que esté tierna y transparente. Añada el ajo y el ají, y saltéelos unos segundos antes de agregar la carne molida. Revuelva hasta que pierda el color rosado. Incorpore solo el caldo justo para evitar que la carne se pegue, sin mojarla demasiado.

2 Cuando la carne esté lista, agregue los tomates y el cilantro. Reparta la mezcla entre los tacos, cubriendo cada uno con queso rallado. Disponga los tacos en una bandeja de horno y gratínelos bajo la parrilla hasta que se funda el queso. Sirva calientes.

Para 4

Prep. 15 min
• cocinar 15 min

Albóndigas

Se hacen tanto con carne de ternera como de cerdo.
También se sirven como aperitivo

INGREDIENTES

750 g de carne de ternera molida
250 g de carne de cerdo molida
2 dientes de ajo bien picados
115 g de perejil bien picado
sal y pimienta negra recién molida
$\frac{1}{2}$ cdta. de nuez moscada
5 cdas. de pan rallado
100 ml de leche

2 cdas. de aceite de oliva suave
3 cebollas blancas bien picadas
1 cda. de harina y un poco para espolvorear
400 ml de vino tinto o blanco
2 huevos grandes batidos
250 ml de aceite vegetal para freír
2 cdas. de perejil picado para decorar

PREPARACIÓN

1 Ponga la carne de ternera y de cerdo, el ajo y el perejil en un bol. Mézclelos bien.
Sazone con sal, pimienta y nuez moscada, y reserve.

2 Ponga el pan rallado en otro bol, agregue la leche y déjelo remojar aparte.

3 Caliente el aceite de oliva en una cazuela, a fuego medio, y cocine las cebollas 4-5 min
o hasta que se ablanden. Revuelva. Espolvoree con harina y siga cocinando otro minuto.
Agregue el vino y salpimiente al gusto. Llévelo a ebullición, luego baje el fuego y cocine 15 min o
hasta que la salsa se reduzca un poco. Pase la salsa por un cedazo y vuelva a ponerla a fuego bajo.

4 Escurra el pan rallado para quitarle el exceso de leche y añádalo a la carne con los huevos
y 3 cdas. de la salsa. Mezcle bien, haga bolas con la masa y enharine un poco.

5 Caliente el aceite vegetal en una sartén grande. Por tandas, fría las albóndigas
5 min o hasta que se doren uniformemente. Deles la vuelta con frecuencia.
Sáquelas de la sartén, escúrralas en papel de cocina y llévelas a la cazuela.

6 Rehogue las albóndigas suavemente en la salsa durante 20 min o hasta que
pierdan el color rosado al cortarlas por la mitad. Sírvalas calientes, con la salsa
rociada por encima y adornadas con perejil.

48 unidades

**Prep. 20 min
• cocinar 1 h**

**Cazuela grande
resistente al fuego**

**Congelar hasta
tres meses**

Hamburguesas

La versión típicamente norteamericana

INGREDIENTES

450 g de carne magra molida de ternera
$1/2$ cebolla blanca bien picada
1 yema de huevo
sal y pimienta negra recién molida
aceite de oliva o de girasol
4 panes para hamburguesa con ajonjolí,
    cortados por la mitad y un poco tostados

PREPARACIÓN

1 Ponga la carne y la cebolla picada en un bol, agregue la yema, salpimiente y mezcle bien.

2 Divida la mezcla en 4 partes iguales, humedézcase las manos y deles forma.

3 Precaliente una plancha o parrilla al fuego máximo. Engrásela ligeramente con aceite y ase las hamburguesas 3 min por cada lado o más si lo prefiere.

4 Sírvalas en panes con ajonjolí tostados, con lo que más le guste: aros de cebolla, rodajas de tomate, lechuga, pepinillos, salsa de tomate, mayonesa, mostaza, etcétera.

Para 4

Prep. 15 min
• cocinar 10 min

**Congelar las
hamburguesas
sin cocinar hasta
tres meses**

Escalopas de ternera

Este popular plato italiano usa un método clásico de preparar la ternera

INGREDIENTES

60 g de harina
sal y pimienta negra recién molida
4 escalopas de ternera de unos 150 g cada una
60 g de mantequilla
2 cdas. de aceite de oliva
60 ml de vino blanco seco
250 ml de caldo de pollo o carne
2 cdas. de hojas de perejil picadas
1 lima cortada en gajos para servir

PREPARACIÓN

1 Precaliente el horno al mínimo. Salpimiente la harina al gusto. Ponga las escalopas entre 2 hojas de papel sulfurizado o de aluminio y golpéelas hasta dejarlas muy planas. Rebócelas en la harina previamente sazonada, sacuda la sobrante y resérvelas.

2 Derrita dos tercios de la mantequilla con aceite en una sartén grande a fuego medio. Añada las escalopas y fríalas 1–2 min por cada lado o hasta que doren. Mientras las fríe, presione firmemente con una espátula para que la carne se aplane todo lo posible. Pase las escalopas a un plato y manténgalas calientes dentro del horno.

3 Vierta el vino en la sartén y déjelo hervir 1 min. Añada el caldo y los jugos del plato de las escalopas y, cuando el líquido se reduzca a la mitad, agregue el perejil y la mantequilla restante, revuelva y salpimiente al gusto.

4 Ponga las escalopas en la bandeja de servir y rocíelas con la salsa de la sartén. Sírvalas enseguida acompañadas de gajos de lima para exprimir por encima.

Para 4

Prep. 10 min
• cocinar 8 min

Bistec a la pimienta

Un clásico muy fácil de hacer en casa

INGREDIENTES

4 filetes de solomillo de 225 g cada uno
$\frac{1}{2}$ cdta. de mostaza en polvo
1–2 cdtas. de granos de pimienta negra o verde picados
2 cdas. de aceite de girasol
4 cdas. de jerez o *brandy*
150 ml de crema de leche

PREPARACIÓN

1 Recorte la grasa sobrante de la carne. Si tiene filetes de ternera, aplástelos un poco con un mazo para carne o con un rodillo. Espolvoree la mostaza y luego hunda un poquito los granos de pimienta en la carne por ambos lados.

2 Caliente la sartén a fuego alto, añada aceite y fría los filetes 2–3 min por cada lado si le gusta la carne a término medio, 4 min si la prefiere tres cuartos y 5–6 min si le gusta bien cocida. Retírelos de la sartén y déjelos reposar.

3 Agregue el jerez a los jugos de la sartén, añada la crema de leche y cocine a fuego lento 2–3 min o hasta que se consuma un poco. Revuelva. Sirva la carne con la salsa.

Para 4

Prep 10 min
• cocinar 12 min

Buey Strogonof

El nombre de este plato procede de una familia de la nobleza rusa

INGREDIENTES

700 g de filetes de solomillo o de cadera
sal y pimienta negra recién molida
3 cdas. de harina
1 cda. de páprika más un poco para espolvorear
50 g de mantequilla o 4 cdas. de aceite de oliva
1 cebolla blanca bien picada
225 g de champiñones laminados
300 ml de crema agria o crema de leche
1 cda. de mostaza francesa
jugo de limón

PREPARACIÓN

1 Corte la carne en tiras finas de 5 cm. Sazone con sal, pimienta y páprika, y luego reboce la carne en harina. Ponga al fuego una sartén honda, añada la mitad de la mantequilla, o aceite, y la cebolla, y fría a fuego bajo 8–10 min o hasta que la cebolla se ablande y se dore. Agregue los champiñones y fríalos unos minutos hasta que se ablanden.

2 Retire los champiñones y las cebollas y consérvelos calientes. Suba el fuego y, cuando la sartén esté caliente, agregue la mantequilla restante y la carne en tiras. Fría 3–4 min, revolviendo.

3 Vuelva a poner las cebollas y los champiñones en la sartén y salpimiente al gusto. Sin apartar la sartén del fuego, revuelva durante 1 min.

4 Baje el fuego, agregue la crema de leche y la mostaza, y revuelva, cocinando 1 min. La crema no debe hervir.

5 Añada jugo de limón al gusto y sirva inmediatamente. Ideal con arroz o tallarines.

Para 4

Prep. 15 min
• cocinar 25 min

Ternera con curry rojo tailandés

Muy picante gracias al ají de la pasta de *curry* rojo

INGREDIENTES

450 g de solomillo o cadera de ternera
1 diente grande de ajo triturado
2–3 cdas. de aceite de girasol
$\frac{1}{2}$ cebolla blanca bien picada
1 pimiento rojo bien picado
200 g de champiñones pequeños en láminas
$1\frac{1}{2}$ cdas. de pasta de *curry* rojo tailandés*
150 g de coco en crema disuelto en 450 ml de agua hirviendo
$1\frac{1}{2}$ cdas. de salsa tailandesa de pescado
1 cda. de azúcar morena suave
100 g de hojas de espinacas lavadas y secas
30 g de hojas de albahaca picadas
arroz hervido para servir

PREPARACIÓN

1 Mezcle la carne y el ajo con 1 cda. de aceite. Caliente un *wok* a fuego alto, añada la carne y fríala, en poco aceite y revolviendo, durante 1 min o hasta que la carne cambie de color. Fríala por tandas, si hace falta, retírela con una espumadera y reserve.

2 Agregue un poco más de aceite al *wok*, caliente hasta que rompa a hervir y fría la cebolla y el pimiento 2 min. Agregue los champiñones y cocine, revolviendo, durante 1–2 min o hasta que los vegetales estén tiernos.

3 Añada la pasta de *curry*, el coco, la salsa de pescado y el azúcar. Lleve a ebullición, revolviendo. Baje el fuego, incorpore la carne, las espinacas y la albahaca y cocine 3 min. Sírvala caliente, acompañada de arroz cocido al vapor.

---

*   Use *curry* neutro como alternativa al *curry* rojo tailandés.

Para 4

**Prep. 20 min
• cocinar 15 min**

Wok

Buey Wellington

Un plato impactante para grandes ocasiones

INGREDIENTES

1 kg de buey*, cortado del extremo grueso de la pieza, sin la grasa
sal y pimienta negra recién molida
2 cdas. de aceite de girasol
45 g de mantequilla
2 cebollas chalote bien picadas
1 diente de ajo picado
250 g de champiñones variados
1 cda. de *brandy* o madeira
500 g de masa de hojaldre precocida
1 huevo batido para glasear

PREPARACIÓN

1 Precaliente el horno a 220 °C (gas 7). Salpimiente la carne. Caliente el aceite en una sartén grande y fría la carne hasta que se dore por todas partes. Póngala en un molde. Ásela 10 min, retire del horno y deje enfriar.

2 Derrita la mantequilla en una sartén y fría las cebollas y el ajo 2–3 min, sin dejar de revolver, hasta que ablanden. Trocee los champiñones, agréguelos a la sartén y cocine, revolviendo, durante 4–5 min o hasta que el jugo se evapore. Añada el *brandy*, deje que burbujee 30 s y luego retire del fuego y deje enfriar.

3 Con un tercio de la masa, forme un rectángulo que ocupe 5 cm más que la carne. Ponga la masa en un molde, pínchela bien con un tenedor y hornéela 12–15 min o hasta que esté crujiente y dorada. Sáquela del horno y deje que se enfríe sobre una rejilla.

4 Ponga la masa cocinada en una bandeja para horno y vierta $1/3$ de los champiñones en el centro. Ponga la carne encima y cubra con la mezcla de champiñones restante. Con la masa restante, forme una lámina y cubra la carne con ella, doblando bien los bordes. Use huevo batido para que se pegue a la base.

5 Pinte con el huevo para glasear y haga un corte en la parte superior para que escape el vapor. Hornee 30 min si le gusta la carne roja, 40 min si le gusta tres cuartos y 45 min si la prefiere bien cocida. Si la masa empieza a dorarse demasiado, cubra con papel de alumino sin apretar. Retire del horno y deje reposar 10 min antes de servir.

---

*   Use carne de búfalo como alternativa a la carne de buey.

Para 6

Prep. 45 min,
más reposo
• cocinar
30–45 min

27

Choucroute garnie

Una versión más rápida y sencilla del clásico plato alsaciano

INGREDIENTES

3 cdas. de grasa de oca o de aceite de girasol
250 g de jamón ahumado en dados
500 g de costillas de cerdo troceadas
2 cebollas blancas picadas
2 manzanas verdes sin corazón y en rodajas finas
1 diente de ajo bien picado
6 granos de pimienta negra machacados
6 bayas de enebro machacadas
1 ramita grande de tomillo
2 hojas de laurel
600 g de *chucrut* lavado y escurrido
300 ml de cerveza clara o vino Riesling
500 ml de caldo de pollo
12 papas blancas pequeñas
350 g de salchichas ahumadas como *Bratwurst*
   o *Fleischwurst* en rodajas gruesas
sal y pimienta negra recién molida
perejil picado para decorar

PREPARACIÓN

1 Caliente 2 cdas. de grasa de oca o el aceite de girasol en la cazuela y fría
el jamón ahumado y el cerdo por ambos lados 3–4 min o hasta que tomen color.
Retirela carne y manténgala caliente. Añada la cebolla y fríala 2–3 min.

2 Agregue las manzanas, el ajo, los granos de pimienta, las bayas de enebro, el tomillo y el laurel.
Añada el *chucrut* y revuelva. Vuelva a poner el jamón y el cerdo en la cazuela y agregue la cerveza y
el caldo. Cubra el líquido con papel sulfurizado o de aluminio y una tapa, y cocine a fuego lento 2 h.

3 Añada las papas, hundiéndolas en el *chucrut*; luego tape y cocine a fuego lento 50–60 min
o hasta que estén tiernas.

4 Entre tanto, caliente la grasa de oca restante o el aceite de girasol en una sartén
y fría las salchichas a fuego alto hasta que se doren. Deles la vuelta una vez.

5 Vierta la mezcla de *chucrut* en una bandeja grande y agregue las salchichas
ahumadas encima. Salpimiente al gusto y espolvoree con perejil antes de servirla.

Para 6–8

**Prep. 30 min
• cocinar 3 h**

**Cazuela grande
resistente al fuego**

Roast beef

Espléndido en la mesa de días especiales

INGREDIENTES

1,5 kg de lomo de ternera
pimienta negra recién molida
30 g de grasa de carne asada o grasa vegetal blanca

Para la salsa

2 cdas. de harina
450 ml de caldo de carne

PREPARACIÓN

1 Precaliente el horno a 220 °C (gas 7). Ponga la carne en una bandeja de horno, sazone con abundante pimienta negra y rocíe con grasa por encima. Áselo durante 15 min.

2 Baje el fuego a 190 °C (gas 5) y cocine según los tiempos que se indican a continuación: por cada 450 g, si le gusta el roast beef a término medio, cocine 15 min y añada otros 15 min más; si lo quiere tres cuartos, hágalo 20 min, y otros 20 min más; y si lo prefiere bien cocido, áselo durante 25 min y siga otros 25 min más. De vez en cuando rocíe la carne con su propio jugo.

3 Saque la carne del horno, cubra sin apretar con papel de aluminio y déjela reposar entre 15–20 min en un lugar aparte.

4 Para hacer la salsa, traslade la carne al plato donde vaya a cortarla, reserve 2 cdas. de la grasa que ha quedado en la bandeja de horno y riegue la carne con el resto. Ponga la bandeja a fuego medio, añada harina y revuelva bien, raspando el fondo para recuperar los restos de jugo que han quedado pegados. Incorpore el caldo y revuelva hasta que se mezclen y rompan a hervir. No deje de revolver hasta que la salsa espese y quede suave. Vierta en una salsera y sirva con la carne. Ideal con pudines Yorkshire, papas asadas y vegetales.

Para 4

Prep. 20 min, más reposo
• cocinar 1,5–2 h

Osobuco

Este clásico y sabroso estofado milanés se condimenta con ajo y anchoas saladas

INGREDIENTES

3 cdas. de harina
sal y pimienta negra recién molida
4 piezas de jarrete de ternera de 4 cm de grosor
60 g de mantequilla
4 cdas. de aceite de oliva
4 dientes de ajo picados
$\frac{1}{2}$ cebolla blanca picada
4 cdas. de puré de tomate
120 ml de caldo de carne o agua
4 cdas. de hojas de perejil picadas
2 anchoas en aceite de oliva escurridas y troceadas
ralladura de 1 limón

PREPARACIÓN

1 Salpimiente la harina, reboce la carne con ella y sacuda la harina sobrante.

2 Derrita la mantequilla con el aceite en una cazuela grande. Añada la ternera, fríala 5 min o hasta que se dore uniformemente, sáquela de la cazuela y reserve. Añada el ajo y la cebolla a la cazuela y fría un poco más, moviendo de vez en cuando, durante 5 min o hasta que se ablanden pero sin dorarse.

3 Agregue el puré de tomate, el caldo o el agua, salpimiente al gusto y revuelva. Cuando rompa a hervir, baje el fuego, tape la cazuela y hierva a fuego lento 1 h 30 min o hasta que la carne esté tierna. Añada más agua si hace falta. La salsa debería estar espesa pero no demasiado.

4 Para servir, mezcle el perejil, las anchoas y la ralladura de limón en un bol. Vierta la mezcla en la cazuela, revuelva y sirva enseguida. Ideal con *risotto* de azafrán o arroz cocido.

Para 4

Prep. 15 min • cocinar 1 h 45 min

Pida que le corten la carne en piezas grandes

Cazuela grande resistente al fuego

Congelar después del paso 3, una vez enfriado, hasta un mes; descongelar por completo, calentar y seguir con el paso 4

Rabo de buey estofado en vino tinto

Este consistente plato de invierno sabe mejor acompañado
de un puré de papa untuoso

INGREDIENTES

3 kg de rabo de buey en piezas de 225 g
harina para espolvorear
2 cdas. de aceite de oliva
1 cda. de miel clara
2 cdas. de tomillo picado
2 cdas. de romero picado
sal y pimienta negra recién molida
2 cebollas blancas picadas
1 bulbo de hinojo troceado
2 zanahorias en trozos grandes
2 dientes de ajo en láminas
2 ajíes rojos bien picados
1 botella de 750 ml de vino tinto
perejil picado para decorar

PREPARACIÓN

1 Precaliente el horno a 150 °C (gas 2). Reboce ligeramente la carne en harina.
Caliente una sartén grande con aceite de oliva. Fría la carne, dorándola por todas partes.

2 Retire la carne de la sartén y póngala en una cazuela grande. Rocíela con miel,
espolvoree con las hierbas aromáticas y salpimiente al gusto.

3 Añada los vegetales, el ajo y los ajíes a la sartén y sofríalos 6 min o hasta que se ablanden
un poco. Agregue la carne y riéguela con el vino. Tape bien y cocine 2–3 h. Cuando esté
a punto, la carne debería despegarse del hueso. Sirva el plato adornado con perejil.

Para 6

Prep. 20 min
• cocinar 2–3 h

Congelar hasta
tres meses

Chile con carne

Un clásico Tex–Mex

INGREDIENTES

1 cda. de aceite de oliva
1 cebolla blanca bien picada
2 cdas. de salsa de ají
1 diente de ajo picado
1 cdta. de comino molido
675 g de carne de ternera molida
400 g de frijoles rojos de riñón lavados y escurridos
400 g de tomates picados
sal y pimienta negra recién molida
crema agria para servir

PREPARACIÓN

1 Caliente el aceite en una olla grande a fuego medio. Añada la cebolla y fríala
5 min o hasta que ablande. Añada la salsa de ají, el ajo, el comino y la carne,
y revuelva. Fría 3 min o hasta que la carne se dore, revolviendo de vez en cuando.

2 Agregue los frijoles y los tomates, y lleve a ebullición. Baje el fuego, tape y cocine
40 min, revolviendo de vez en cuando. Salpimiente al gusto y sirva con la crema agria.

Para 4–6

Prep. 5 min
• cocinar 50 min

Congelar hasta
tres meses

Solomillo de buey con salsa de grosella

La salsa, con mucho cuerpo, aporta sabor a este plato

INGREDIENTES

115 g de lonjas de tocineta sin corteza y muy troceada
600 ml de oporto
2 cdas. de jalea de grosellas rojas*
150 ml de caldo de carne
1 cdta. de harina de maíz diluida en 1 cda. de agua fría
1 kg de solomillo de ternera en una pieza
sal y pimienta negra recién molida
aceite de oliva

PREPARACIÓN

1 Precaliente el horno a 200 °C (gas 6). Fría la tocineta hasta que esté crujiente. Retírela de la sartén y escurra en papel de cocina. Reserve. Limpie la sartén y añada el oporto, la jalea de grosella y el caldo. Cocine a fuego lento 5 min o hasta que se consuma y quede una cuarta parte. Entre tanto, añada la harina de maíz y bátala hasta que la salsa se vuelva espesa y suave. Vuelva a poner la tocineta en la sartén y reserve.

2 Salpimiente la carne. Caliente una sartén a fuego alto, añada un poco de aceite de oliva y luego dore la carne por los dos lados. Traslade a una bandeja y ase la carne 20 min si la quiere a término medio, 40 min si la prefiere tres cuartos o 50 min para que quede bien cocida.

3 Una vez cocinada, déjela reposar 15 min antes de cortarla; luego, sírvala con la salsa por encima. Excelente con papas al gratín y vegetales, por ejemplo espárragos.

---

*   Use jalea de frambuesas como alternativa a la jalea de grosellas.

Para 6

**Prep. 30 min,
más reposo
• cocinar 40 min–
1 h 10 min**

Sauerbraten

Esta receta, con una original salsa especiada, se cocina a la manera tradicional alemana, marinando y cocinando la carne muy despacio para que quede muy tierna

INGREDIENTES

1 kg de jarrete deshuesado,
   falda o cadera de ternera
2 cdas. de aceite de girasol
1 cebolla blanca en rodajas
1 tallo de apio picado
1 cda. de harina
45 g de galletas de jengibre trituradas
sal y pimienta negra recién molida

Para la marinada

400 ml de vino tinto
150 ml de vinagre de vino tinto
2 cebollas blancas bien picadas
1 cda. de azúcar morena suave
$\frac{1}{2}$ cdta. de nuez moscada recién molida
4 bayas de pimienta de Jamaica
   ligeramente trituradas
4 granos de pimienta negra
   ligeramente triturados
2 hojas de laurel desmenuzadas
$\frac{1}{2}$ cdta. de sal

PREPARACIÓN

1 Para hacer la marinada, ponga el vino, el vinagre, las cebollas, el azúcar, la nuez moscada, la pimienta de Jamaica, los granos de pimienta, el laurel, la sal y 150 ml de agua en una olla. Revuelva a fuego alto hasta que rompa a hervir. Retire del fuego y deje enfriar por completo.

2 Ponga la carne en un bol donde quepa bien y agregue la suficiente marinada para cubrirla, al menos hasta la mitad. Tape y déjela marinar 2–3 días en el refrigerador. Dele la vuelta a la carne dos veces al día.

3 Precaliente el horno a 180 °C (gas 4). Saque la carne de la marinada, escúrrala bien y luego séquela con papel de cocina. Cuele la marinada, deseche las especias y reserve el líquido.

4 Caliente el aceite en una cazuela y dore la carne por ambos lados. Retire la carne y reserve. Añada la cebolla y el apio a la sartén y fría 5–6 min o hasta que empiecen a dorarse. Revuelva constantemente. Espolvoree los vegetales con la harina y cocine al fuego 1 min, revolviendo. Agregue 400 ml de la marinada reservada y revuelva. Lleve a ebullición sin dejar de revolver.

5 Ponga la carne encima de los vegetales y rocíela con su propio jugo. Tape bien y cocínela al horno durante 2–2 h 15 min o hasta que la carne quede tierna cuando la pinche con el tenedor.

6 Traslade la carne a una bandeja y cubra sin apretar con papel de aluminio. Cuele el líquido de cocción, viértalo en una olla y hierva a fuego alto hasta que se reduzca a 300 ml. Añada las galletas de jengibre y revuelva sin apartar del fuego hasta que obtenga una salsa suave. Sazone con sal y pimienta. Corte la carne en rodajas y sírvala con un poco de salsa por encima. Sirva el resto de la salsa en un recipiente aparte. Ideal con croquetas de papas y zanahorias.

Para 4–6

Prep. 30 min, más marinado • cocinar 2–2 h 15 min

Marinado 2–3 días

Cazuela grande resistente al fuego

Congelar hasta dos meses

Cordero con puré de berenjena

Con la *harissa* se forma una corteza picante que va
muy bien con el puré de berenjena

INGREDIENTES

900 g de medallones o
   solomillo de cordero
2 berenjenas
2 dientes de ajo picados
2 cdas. de *tahini* (pasta de ajonjolí)
120 ml de yogur griego
sal y pimienta negra recién molida

Para la marinada

1 cda. de *harissa*
2 cdas. de menta picada más
   un poco para decorar
5 cdas. de jugo de limón
3 cdas. de aceite de oliva

PREPARACIÓN

1 Precaliente el horno a 220 °C (gas 7). Ponga la *harissa*, la menta, 2 cdas. de jugo
de limón y 1 cda. de aceite de oliva en un bol. Agregue el cordero y cubra con la marinada.
Deje marinar al menos 30 min.

2 Ponga las berenjenas en una bandeja de horno, pinche la piel con un tenedor varias veces
y hornéelas durante 30 min o hasta que la piel se chamusque. Sáquelas del horno y, cuando
se hayan enfriado, pélelas y deseche la piel. Ponga la carne de las berenjenas en un colador,
escúrralas 15 min y luego colóquelas en el procesador de alimentos con el ajo, 3 cdas. de jugo
de limón, el *tahini* y el yogur, y bata hasta que la mezcla quede suave. Salpimiente al gusto.

3 Retire el cordero de la marinada. Caliente la sartén con 2 cdas. de aceite de oliva y dore el
cordero por ambos lados. Áselo en el horno 10 min o más si lo desea. Retire y deje reposar 10 min.

4 Trinche el cordero y sirva en platos calientes con el puré. Rocíelo con el jugo de la sartén
y espolvoréelo con menta picada.

Para 6

Prep. 15 min,
más marinado
• cocinar 40 min

Procesador de
alimentos

43

Pierna de cordero deshuesada

Con la pierna deshuesada y abierta, el marinado
y la cocción son más uniformes

INGREDIENTES
1,8 kg de pierna de cordero deshuesada y abierta (véase p. 6)

Para la marinada
200 ml de vino tinto
90 ml de salsa de soya suave
3 dientes de ajo picados
15 g de menta picada

Para la salsa
2 cdas. de aceite de oliva
1 diente de ajo bien picado
1 ají rojo fresco sin semillas y bien troceado
1 cda. de hojas de mejorana
4 tomates frescos pelados
2 pimientos rojos asados, pelados y picados
sal y pimienta negra recién molida
2 ajíes secos desmenuzados

PREPARACIÓN

1 Quite el exceso de grasa del cordero con un cuchillo afilado, dejando un poco para dar sabor.
Ponga la carne en una tabla con la piel hacia abajo. Haga 3 cortes alargados en el cordero, no
demasiado profundos: uno en el centro y dos en los lados. Cubra la carne con papel sulfurizado
y golpéela con un rodillo para aplastarla (esto ayuda a que se cocine de manera uniforme).
Ponga el cordero en un bol o bandeja grande.

2 Mezcle los ingredientes de la marinada y viértalos sobre la carne. Marine al menos 2 h.

3 Caliente el aceite de oliva en una olla y fría el ajo hasta que empiece a tomar color.
Añada el ají fresco, las hojas de mejorana y los tomates, y cocine a fuego lento durante
30 min o hasta que la salsa reduzca. Añada los pimientos y áselos 10 min.
Salpimiente y añada los ajíes secos desmenuzados. Reserve.

4 Precaliente la barbacoa o la parrilla a fuego medio–alto. Retire el cordero de la
marinada y séquelo con papel de cocina. Cocine 30 min, dando la vuelta varias veces.
El centro debería volverse rosado. Déjelo reposar 15 min, luego trinche. Sirva con la salsa.

Para 8

**Prep. 15 min,
más marinado
y reposo
• cocinar 1 h 10 min**

**Deshuese la
carne usted
mismo o pídaselo
al carnicero**

Brochetas de cordero

Un plato con estilo

INGREDIENTES

2 cdas. de semillas de cilantro tostadas
4 dientes de ajo picados
200 ml de aceite de oliva
2 cdtas. de miel clara
1 cdta. de ralladura de limón
sal y pimienta negra recién molida
1 kg de cordero cortado en trozos
2 cdas. de vinagre de vino tinto
6 cdas. de cilantro picado
5 tomates maduros pelados, sin semillas y picados

PREPARACIÓN

1 Triture las semillas de cilantro en un mortero y añada la mitad del ajo, 75 ml de aceite de oliva, la mitad de la miel, la ralladura de limón y pimienta. Reboce bien el cordero con la mezcla y marine 2 h en un bol.

2 Para hacer la vinagreta, bata el aceite restante, el vinagre y el cilantro en un bol y agregue los tomates. Revuelva y reserve.

3 Precaliente la parrilla a fuego alto. Inserte la carne en los pinchos, sale y hágalos a la parrilla 8 min o hasta que se doren. Sírvalos con la vinagreta de tomate.

Para 6

Prep. 10 min, más marinado • cocinar 10 min

Remoje los pinchos en agua fría al menos 30 min para evitar que se quemen

Pinchos de madera

Chuletas de cordero con chermoula

La *chermoula* es una marinada de especias marroquí ideal
para carnes y pescados a la parrilla

INGREDIENTES

12 chuletas de cordero
4 tomates pera maduros y picados
sal y pimienta negra recién molida
1 cda. de vinagre balsámico

Para la marinada

1 cebolla roja bien picada
2 dientes de ajo picados
1 cdta. de comino molido
¼ cdta. de páprika ahumada
1 cdta. de cilantro molido
ralladura y jugo de 1 limón
120 ml de aceite de oliva y algo más para aliñar
un manojito de menta poco picada
un manojito de cilantro picado

PREPARACIÓN

1 Ponga las chuletas sin la grasa en una bandeja. En un bol, mezcle la cebolla, el ajo,
el comino, la páprika, el cilantro molido, el jugo y la ralladura de limón y casi toda
la menta y el cilantro picado. Unte el cordero con la marinada y déjelo marinar 30 min.

2 Salpimiente los tomates picados y rocíelos con un poco de aceite de oliva,
el vinagre balsámico y el cilantro y la menta restantes. Reserve.

3 Precaliente la parrilla a máxima temperatura. Saque las chuletas de la marinada
y áselas a la parrilla 5 min por cada lado hasta que estén cocidas y crujientes.

4 Sirva el cordero acompañado de ensalada de tomate.

Para 6

**Prep. 15 min,
más marinado
• cocinar 15 min**

48

Cordero braseado con arvejas y limones en conserva

Parecido al tajín, este plato gana en sabor si se cocina con anticipación y se deja reposar

INGREDIENTES

1 kg de filetes de pierna de cordero
15 g de perejil más un poco para decorar
15 g de cilantro más un poco para decorar
2 cebollas blancas bien picadas
3 dientes de ajo picados
1 cdta. de jengibre fresco rallado
9 cdas. de aceite de oliva
600 ml de caldo de carne
2 limones en conserva cortados en cuartos,
    sin la pulpa y con la piel cortada en tiras finas
450 g de arvejas congeladas
1 limón cortado en gajos, o solo la ralladura
    en tiras largas y finas, para decorar

PREPARACIÓN

1 Ponga el perejil, el cilantro, las cebollas, el ajo, el jengibre y el aceite de oliva con el cordero en una bandeja grande y déjelo marinar en el refrigerador toda la noche, cubierto con plástico adherente.

2 Saque el cordero, guarde la marinada, y resérvela. En una sartén caliente, dore el cordero por ambos lados. Páselo a una cazuela, báñelo con la marinada reservada y llévelo de nuevo al fuego. Agregue el caldo y, cuando hierva, baje el fuego y deje que se cocine el cordero durante 1 h.

3 Añada los limones en conserva a la cazuela y siga cocinando otros 30 min o hasta que la carne esté muy tierna.

4 Rectifique el condimento si hace falta, añada las arvejas y deje cocinar otros 5 min. Sírvalo caliente, espolvoreado con perejil y cilantro. Decore con ralladura o gajos de limón natural.

Para 6

Prep. 15 min, más marinado • cocinar 1 h 40 min

Cazuela resistente al fuego

Congelar hasta tres meses

Cordero estofado

Este sabroso plato lleva tomate, aceitunas y salsa de hierbas

INGREDIENTES

900 g de pierna de cordero en filetes
1 cebolla blanca grande pelada
2 dientes de ajo pelados
1 ají rojo fresco o ½ cdta. de ají seco picado
4 cdas. de aceite de oliva
120 ml de vino tinto
115 g de aceitunas negras sin hueso
400 g de tomates en lata
15 g de tomillo fresco o 1 cda. si es seco
sal y pimienta negra recién molida
tomillo o perejil para decorar

PREPARACIÓN

1 Corte los filetes de cordero por la mitad. Ponga la cebolla, el ajo y el ají en un procesador de alimentos y bátalos hasta hacer una pasta grumosa. Caliente el aceite en una cazuela grande y dore la carne por ambos lados, en tandas si hace falta.

2 Ponga el cordero en una bandeja y fría la mezcla de cebolla 5 min a fuego lento, revolviendo. Vuelva a poner el cordero en la cazuela, añada el vino tinto, las aceitunas, los tomates y el tomillo, y cocínelo tapado 1 h.

3 Pruebe el cordero y manténgalo, destapado y a fuego lento, 30 min o hasta que esté tierno. Salpimiente al gusto y adorne con un picadillo de hierbas frescas. Excelente con cuscús caliente.

Para 6

Prep. 20 min
• cocinar 1 h 45 min

Procesador de alimentos • cazuela resistente al fuego con tapa

Congelar hasta un mes

Curry de ternera picante

Lleve auténticos sabores indios a su mesa con este *curry* rápido

INGREDIENTES

900 g de ternera magra en trozos pequeños
1 cdta. de cilantro molido
1 cdta. de comino molido
1 cdta. de cúrcuma molida
1 cdta. de *garam masala*
1 cda. de aceite de girasol
1 cebolla blanca picada
2 dientes de ajo pelados
1 trozo de 2,5 cm de jengibre fresco, pelado
4 tomates, pelados y picados
2 ajíes rojos frescos, sin semillas y muy picados
150 ml de crema de leche líquida
1 manojo de cilantro fresco bien picado (opcional)

PREPARACIÓN

1 Ponga la ternera, el cilantro molido, el comino, la cúrcuma, el *garam masala* y el aceite en un bol. Mézclelos bien. Caliente una sartén grande a fuego medio y saltee la carne unos 10 min. Retire y reserve.

2 En un procesador de alimentos, pique la cebolla, el ajo, el jengibre, los tomates y el ají, e incorpórelos a la misma sartén empleada para la carne; déjelos unos 5 min a fuego medio. Luego, vierta la crema de leche, revuelva, añada 150 ml de agua y lleve a ebullición. Vuelva a poner la carne en la sartén, baje un poco el fuego y deje hervir suavemente 15–20 min.

3 Agregue y mezcle el cilantro picado (si lo desea) y sirva enseguida.

Para 4

Prep. 15 min
• cocinar 30 min

Procesador de
alimentos

Cordero asado con judías

Un plato perfecto de domingo, donde las judías pochas son una sabrosa alternativa a las tradicionales papas asadas

INGREDIENTES

$1/2$ pierna de cordero de 1,35 kg
2–3 ramitas de romero
1 cda. de aceite de oliva
sal y pimienta negra recién molida
4 dientes de ajo picados gruesos
250 g de tomates pera *baby* cortados por la mitad
410 g de judías pochas* en conserva escurridas
1 cda. de puré de tomate
150 ml de vino blanco seco

PREPARACIÓN

1 Precaliente el horno a 180 °C (gas 4). Entre tanto, haga unos cortes profundos en la carne del cordero con un cuchillo puntilla e introduzca en ellos algunas hojas de romero. Ponga el cordero en una bandeja de horno, píntelo con aceite y salpimiente. Áselo 1 h.

2 Mezcle el romero restante con el ajo, el tomate y las judías. Saque el cordero del horno y reparta la mezcla de tomate y judías alrededor. Mezcle el puré de tomate con el vino y viértalos sobre el cordero.

3 Cubra la bandeja con papel de aluminio, sin apretar, y vuelva a ponerla en el horno 30–40 min o hasta que el cordero esté cocido, pero el jugo que suelte siga teniendo un ligero color rosado. Antes de trinchar la pierna, déjela reposar 10–15 min, ligeramente cubierta con papel de aluminio.

---

* Use frijoles blancos como alternativa a las judías pochas.

Para 4

**Prep. 15 min
• cocinar
1 h 40 min**

Moussaka

El plato más famoso de Grecia es conocido en todo el mundo. A menudo se sirve en una bandeja grande, pero en esta versión las raciones son individuales

INGREDIENTES

2 berenjenas grandes cortadas
  en rodajas de 5 mm

sal y pimienta negra recién molida

5 cdas. de aceite de oliva

1 cebolla blanca grande picada

450 g de carne magra de cordero molida

100 ml de vino tinto

400 g de tomates troceados de lata

1 cdta. de azúcar

100 ml de caldo de cordero

2 cdtas. de orégano seco

450 g de papas en rodajas
  de 5 mm de grosor

4 cdas. de queso parmesano rallado

4 cdas. de pan rallado

Para la salsa

200 g de yogur griego espeso

3 huevos grandes

1 cda. de harina de maíz

115 g de requesón

60 g de queso feta desmenuzado

PREPARACIÓN

1 Distribuya la berenjena en un plato, espolvoree bien con sal y déjela reposar 30 min. Ponga las rodajas en un colador y enjuáguelas bien con agua fría. Escurra y lave con pequeñas palmaditas.

2 Caliente 2 cdas. de aceite en una sartén honda, añada la cebolla y cocine a fuego bajo, revolviendo con frecuencia, hasta que ablande. Suba el fuego y fría la carne molida hasta que empiece a dorarse. Deshaga los grumos con una cuchara.

3 Vierta el vino, déjelo cocer 1–2 min y luego añada el tomate, el azúcar, el caldo y 1 cdta. de orégano. Salpimiente al gusto. Cocine, destapado y a fuego lento, durante 30 min o hasta que casi todo el líquido de la sartén se evapore y la salsa de la carne espese.

4 Entre tanto, pinte las rodajas de berenjena con el aceite restante y póngalas en la parrilla, en tandas, hasta que estén blandas y doradas por ambos lados. Cocine las rodajas de papa en una olla con agua 10–15 min o hasta que estén tiernas. Escurra.

5 Para preparar la salsa, bata el yogur, los huevos y la harina hasta formar una pasta suave. Luego, añada el requesón y el queso feta.

6 Precaliente el horno a 180 °C (gas 4). Ponga las berenjenas y la mezcla de carne en pequeñas refractarias, empezando con la berenjena y acabando con la carne. Remate superponiendo las rodajas de papa.

7 Vierta la salsa sobre las papas hasta cubrirlas del todo. Espolvoree con parmesano, pan rallado y el orégano restante, y hornee 45 min o hasta que se dore y burbujee.

Para 4

Prep. 30 min,
más reposo
• cocinar
1 h 30 min

4 refractarias
pequeñas
individuales
de 8–10 cm

Congelar hasta
tres meses

Jamón glaseado con miel

Si se hierve primero, el jamón queda muy jugoso

INGREDIENTES

1,5 kg de jamón fresco deshuesado
1 cebolla blanca en cuartos
2 hojas de laurel
6 granos de pimienta
un puñadito de clavos
ralladura y jugo de 1 naranja
3 cdas. de miel

PREPARACIÓN

1 Ponga el jamón en una olla grande y cúbralo con agua. Agregue la cebolla, el laurel
y la pimienta en grano. Lleve lentamente a ebullición y cocine a fuego lento 1 h 30 min.
Retire de la olla y déjelo enfriar.

2 Precaliente el horno a 200 °C (gas 6). Con un cuchillo afilado, quite con cuidado la piel
del jamón y deséchela. Mezcle la ralladura de naranja, la miel y 2 cdas. de jugo de naranja.
Pinte la superficie con la mezcla. Haga un dibujo entrecruzado en la grasa con el
cuchillo y decore con clavos hundidos en la piel.

3 Ponga el jamón en una bandeja de horno, hornéelo 10 min y luego rocíelo
con el glaseado. Vuelva a ponerlo en el horno y déjelo 20 min o hasta que se dore.
Déjelo reposar antes de cortar y servir.

Para 8–10

Prep. 15 min,
más reposo
• cocinar 2 h

Costillas a la barbacoa

Ideales para adultos y niños

INGREDIENTES

2 kg de costillas de cerdo
gajos de limón para servir
1 ramita de romero para decorar

Para la marinada

6 cdas. de *chutney* de mango colado
6 cdas. de salsa de tomate
6 cdas. de vinagre de vino blanco
4 cdas. de salsa oscura de soya
4 cdtas. de ajos picados
2 cdas. de salsa de ají
2 cdtas. de páprika ahumada
460 g de tomates picados
100 g de azúcar morena suave
sal y pimienta negra recién molida

PREPARACIÓN

1 Mezcle los ingredientes de la marinada en un bol no metálico. Añada las costillas y cúbralas con la marinada. Tápelas y métalas en el refrigerador al menos 30 min.

2 Precaliente el horno a 190 °C (gas 5). Ponga las costillas en una bandeja de horno, añada la salsa, cubra con papel de aluminio y hornéelas 1 h.

3 Rocíe con su jugo y áselas, destapadas, 30 min o hasta que estén tiernas.
Añada más jugo y sírvalas con el limón y el romero.

Para 4

Prep. 5 min,
más marinado
• cocinar
1 h 30 min

Picadillo de cerdo con fideos al estilo tailandés

Bajo en grasa, este salteado rápido y sabroso es perfecto
para una comida ligera

INGREDIENTES

1 cda. de aceite vegetal

675 g de carne magra de cerdo picada

4 dientes de ajo, machacados
   o bien picados

sal

2 ajíes rojos frescos, sin
   semillas y muy picados

jugo de 1 lima

1 cda. de salsa de pescado
   tailandesa, como la *nam pla*

1 cda. de salsa de soya oscura

1 manojo de cilantro fresco bien picado

fideos de arroz de tamaño medio,
   o arroz, para acompañar

PREPARACIÓN

1 Caliente el aceite en un *wok* o en una sartén grande a fuego moderado-alto. Añada el ajo, una pizca de sal y la carne, y saltéelos sin dejar de revolver, hasta que la carne pierda su color rosado.

2 Agregue el ají, el jugo de lima, la salsa de pescado y la salsa de soya, y cocínelos otros 5 min.

3 Cuando esté listo para servir, espolvoree con el cilantro y revuelva bien. Sirva caliente con fideos o arroz.

Para 4

Prep. 10 min
• cocinar 15 min

Chuletas de cerdo con salsa de pimienta verde

Los granos de pimienta verde dan un toque picante a esta cremosa salsa

INGREDIENTES

4 chuletas de cerdo
sal y pimienta negra recién molida
1 cda. de aceite de girasol
30 g de mantequilla
1 cebolla chalote grande bien picada
4 cdas. de jerez seco
$1\frac{1}{2}$ cdas. de pimienta verde en salmuera,
   escurrida y ligeramente molida
150 ml de caldo de pollo
4 cdas. de crema de leche

PREPARACIÓN

1 Recorte la grasa sobrante de las chuletas y salpimiente. Caliente el aceite en una sartén grande a fuego medio y fría las chuletas 6-8 min por cada lado, según el grosor, hasta que se doren y suelten un jugo claro. Trasládelas a una bandeja caliente y tape con papel de aluminio.

2 Para hacer la salsa, derrita la mantequilla en la sartén y fría la cebolla a fuego medio 4–5 min o hasta que se ablande y se dore. Revuelva a menudo. Añada el jerez, revuelva y cocine a fuego lento 1 min. Incorpore la pimienta y el caldo y, cuando rompa a hervir, baje el fuego y déjelo 2–3 min o hasta que el caldo se reduzca.

3 Agregue la crema de leche, revuelva, cubra las chuletas con la salsa y sírvalas enseguida.

Para 4

Prep. 10 min
• cocinar 15 min

Picadillo de ternera y garbanzos con naranja y canela

Aromas de inspiración marroquí sumados a un simple picadillo de carne

INGREDIENTES

aceite de oliva para freír
1 cebolla roja bien picada
150 ml de caldo de vegetales
2 dientes de ajo machacados
1 trozo de 2,5 cm de jengibre
   fresco, pelado y rallado
1 pizca de canela
sal y pimienta negra recién molida, al gusto
675 g de ternera picada
ralladura y jugo de 1 naranja
400 g de garbanzos cocidos,
   escurridos y lavados

PREPARACIÓN

1 Caliente un poco de aceite de oliva en una cacerola grande, a fuego suave. Sofría
la cebolla 5 min, hasta que quede tierna. En otra cacerola caliente el caldo de vegetales.

2 Añada el ajo, el jengibre y la canela a la cebolla. Salpimiente. Agregue la carne picada
y deje unos minutos hasta que pierda su color rosado. Incorpore la ralladura
y el jugo de naranja, y también los garbanzos.

3 Vierta el caldo de vegetales caliente sobre la preparación anterior y lleve a ebullición.
Baje el fuego a un hervor suave, moviendo de vez en cuando; manténgalo
así unos 15 min. Sirva con arroz blanco.

Para 4

Prep. 10 min
• cocinar 20 min

68

Riñones con mostaza

Este plato puede ser un primer plato o una cena

INGREDIENTES

4 riñones de cordero
30 g de mantequilla
1 cda. de aceite de oliva
1 cebolla blanca grande finamente picada
2 dientes de ajo picados
8 champiñones en láminas
3 cdas. de vermú o vino tinto
4 cdas. de caldo de vegetales
2 cdtas. de mostaza de Dijon
sal y pimienta negra recién molida

PREPARACIÓN

1 Quite la piel de los riñones y retire el centro y las membranas. Déjelos en remojo
5–10 min en un poco de leche o agua, luego escurra y séquelos con papel de cocina.

2 Caliente la mantequilla y el aceite en una sartén, añada la cebolla y fría a fuego medio 2–3 min.
Revuelva a menudo. Suba el fuego, agregue los riñones y el ajo, y fríalos 2–3 min, revolviendo.

3 Añada los champiñones, fría 2–3 min más y añada el vermú y el caldo. Deje cocer 1 min.

4 Baje el fuego, tape y cocínelo todo unos 4 min o hasta que los riñones estén
tiernos y bien cocidos. Agregue la mostaza, revuelva y salpimiente.

Para 4

**Prep. 10 min,
más remojo
• cocinar 10–15 min**

Salteado de hígado, tocineta y cebolla

Rápido de cocinar, el hígado de ternera va muy bien
con la tocineta salada y se sirve con una sabrosa salsa

INGREDIENTES

350 g de hígado de ternera
200 g de tocineta en lonjas finas
1 cda. de aceite de oliva
25 g de mantequilla
4 cebollas chalote en rodajas finas
120 ml de vermú
1 cdta. de mostaza de Dijon
unas gotas de salsa de champiñones o inglesa (opcional)
sal y pimienta negra recién molida

PREPARACIÓN

1 Corte el hígado y la tocineta en lonjas de 6 cm de largo y 1,5 cm de ancho y resérvelas.

2 Caliente la mitad del aceite y la mitad de la mantequilla en una sartén a fuego medio,
añada las cebollas y fríalas, removiendo con frecuencia, durante 5 min o hasta
que se ablanden y se doren. Retire de la sartén y reserve.

3 Añada el aceite y la mantequilla restantes y suba el fuego. Agregue el hígado
y la tocineta, y fríalos, sin dejar de revolver, durante 3–4 min o hasta que el hígado
esté cocido, pero ligeramente rosado por dentro.

4 Vuelva a poner las cebollas en la sartén, agregue el vermú y déjelas cocer 1–2 min,
raspando e incorporando al caldo los trocitos que hayan quedado pegados a la sartén.

5 Baje el fuego a la mitad, añada la mostaza y, si lo desea, agregue la salsa de
champiñones o la salsa inglesa, salpimiente y revuelva. Sírvalo enseguida.
Excelente con un puré de papas suave y cremoso, con habichuelas o sobre pan tostado.

Para 4

**Prep. 10 min
• cocinar 10 min**

Salchichas con frijoles blancos

Este sabroso plato es genial en cualquier época del año, pero más aún en los días fríos de invierno

INGREDIENTES

12 salchichas de cerdo con finas hierbas
1 cda. de aceite de oliva
1 cebolla blanca en rodajas
1 tallo de apio picado
2 dientes de ajo picados
75 ml de vino blanco
400 g de tomate troceado de lata
3 cdas. de salsa de tomate
1 cdta. de páprika
sal y pimienta negra recién molida
400 g de frijoles blancos cocidos o de lata
1 cda. de albahaca o perejil picados para servir

PREPARACIÓN

1 Ase o fría las salchichas hasta que se doren y se cocinen bien.

2 Entre tanto, caliente el aceite en una olla y fría a fuego lento la cebolla, el apio y el ajo, revolviendo a menudo hasta que se ablanden. Suba el fuego, añada el vino y déjelo hervir unos segundos. Luego, añada el tomate enlatado con su jugo. Añada la salsa de tomate y la páprika, y salpimiente al gusto. Llévelo a ebullición, baje el fuego y cocine sin tapar unos 20 min o hasta que se espese y se reduzca.

3 Agregue los frijoles blancos escurridos y las salchichas cocinadas y deje al fuego 10 min más. Sírvalos de inmediato, espolvoreados con las finas hierbas picadas. Excelentes con un puré de papas cremoso o una mezcla de puré de papas y de zanahoria.

Para 4

Prep. 10 min
• cocinar 30 min

Congelar hasta
tres meses

Guiso de chorizo con cebollitas

El chorizo y el ají dan un toque especiado y picante
a este plato reconfortante

INGREDIENTES

1 cda. de aceite de girasol
8 cebollitas enteras peladas
1 puñado de semillas de hinojo
2 dientes de ajo muy picados
1 ají rojo fresco, sin semillas y bien picado
225 g de chorizo en dados
1 lata de 400 g de tomate troceado
sal y pimienta negra recién molida, al gusto

PREPARACIÓN

1 Precaliente el horno a 200 °C (gas 6). Caliente el aceite en una bandeja
de horno con el fuego suave. Añada las cebollitas, suba el fuego y fríalas
hasta que se doren. Incorpore después las semillas de hinojo, el ajo y el ají.

2 Añada el chorizo en dados pequeños. Deje al fuego un par de minutos.

3 Agregue los tomates en lata, llene después la lata vacía de agua caliente
y viértala en la bandeja. Revuelva y salpimiente.

4 Tape la bandeja y hornee durante 40–45 min; añada agua si fuera necesario.
Sirva caliente con un puré de papas consistente.

Para 4

**Prep. 15 min
• cocinar 45 min**

**Bandeja de
horno con tapa**

Potaje de frijoles blancos

En esta versión del clásico potaje español con chorizo y morcilla
se ahorra tiempo usando frijoles de lata

INGREDIENTES

250 g de morcilla
250 g de chorizo
250 g de tocino carnudo o tocineta en trozos gruesos
1 cda. de aceite de oliva
60 ml de vino tinto
800 g de frijoles blancos de lata
una pizca de azafrán en polvo
1 hoja de laurel
500 ml de caldo de pollo

PREPARACIÓN

1 Corte la morcilla, el chorizo y la tocineta en trozos grandes. Caliente el aceite en
una sartén grande, añada los embutidos y la tocineta y fríalos, revolviendo, durante 2 min.
Suba el fuego, añada el vino y, cuando hierva, déjelo reducir 2–3 min.

2 Agregue los frijoles escurridos, el azafrán, el laurel y caldo suficiente para cubrirlo todo.
Llévelo a ebullición, baje el fuego, tape y deje que cocine 30 min. Sírvalo caliente.

Para 4

Prep. 5 min
• cocinar 40 min

Tarta de cordero y arvejas

Cordero especiado y aromático bajo una corteza dorada de masa quebrada

INGREDIENTES

1–2 cdas. de aceite de oliva
1 cebolla blanca bien picada
sal y pimienta negra recién molida
2 dientes de ajo, machacados o bien picados
350 g de pierna de cordero, en trozos pequeños
1 cdta. de cúrcuma
½ cdta. de pimienta de Jamaica molida
2 cdas. de harina
900 ml de caldo de vegetales caliente
2 papas cremosas, peladas y cortadas
    en dados pequeños
125 g de arvejas congeladas
300 g de masa quebrada preparada
1 huevo batido, para pintar

PREPARACIÓN

1 Caliente una cucharada de aceite en una cacerola grande, a fuego suave. Sofría la cebolla con una pizca de sal 5 min, hasta que esté tierna y transparente. Agregue el ajo y suba el fuego a media intensidad, añadiendo un poco más de aceite si fuera necesario. Incorpore el cordero y espolvoree con la cúrcuma y la pimienta de Jamaica. Deje al fuego 6–8 min, revolviendo de vez en cuando, hasta que el cordero esté dorado por todas partes.

2 Retire del fuego y añada la harina y una cucharada del caldo. Mézclelos. Ponga al fuego de nuevo y vierta el caldo restante. Lleve a ebullición, reduzca el fuego y agregue las papas. Deje con un hervor suave unos 20 min, revolviendo de vez en cuando, hasta que las papas estén cocidas y la salsa espese. Añada las arvejas, previamente descongeladas, y condimente bien con sal y pimienta negra.

3 Mientras tanto, precaliente el horno a 200 °C (gas 6). Pase el relleno de carne a una refractaria para tarta. Sobre una superficie enharinada, extienda la masa; debe quedar unos 5 cm más ancha que la parte superior de la refractaria. Luego, corte una tira de masa de unos 2,5 cm de ancho del borde de la masa estirada para hacer un collar. Moje el borde de la refractaria con un poco de agua, coloque la tira de masa por todo el borde y presiónela firmemente hacia abajo. Pinte este collar con un poco de huevo y luego cierre con la tapa de masa. Recorte la masa sobrante. Pellizque los bordes para sellarla y adorne la tapa con la masa sobrante, si lo desea.

4 Pinte generosamente la tapa con el resto del huevo batido. Haga dos cortes en la tapa para dejar salir el vapor. Hornee la tarta durante 30–40 min hasta que la masa quede esponjada y dorada. Sirva caliente.

Para 4

Prep. 15 min
• cocinar 1 h 15 min

Refractaria para
tarta de 1,2 l

Conejo con miel y tomillo

Esta carne se vende en supermercados, empacada y lista para cocinar

INGREDIENTES

1 cda. de aceite de girasol
15 g de mantequilla
800 g de conejo troceado para guisar
1 cebolla blanca grande en rodajas
2 dientes de ajo picados
200 ml de sidra seca
150 ml de caldo de pollo
un manojito de tomillo
sal y pimienta negra recién molida
100 g de tiras de tocino entreverado
 o tocineta cortada en tiras
2 cdas. de miel clara
3 cdas. de mostaza en grano
3 cdas. de crema agria

PREPARACIÓN

1 Caliente el aceite y la mantequilla en una sartén grande o en una cazuela resistente
al fuego, y fría el conejo hasta que se dore por todos los lados. Añada la
cebolla cortada en rodajas y fríalo 2–3 min más.

2 Agregue el ajo y cocine 30 s, revolviendo constantemente. Añada la sidra, lleve
a ebullición, incorpore el caldo y revuelva. Quite las hojas y los tallos duros del tomillo
y póngalos en la sartén. Salpimiente al gusto.

3 Vuelva a llevar a ebullición, baje el fuego, tape y cocine 20 min o hasta que el conejo esté tierno.

4 Entre tanto, caliente una sartén pequeña y fría sin grasa las lonjas de tocineta o las tiras
de tocino 2–3 min o hasta que estén crujientes. Escurra en papel de cocina.

5 Agregue la miel y la mostaza a la salsa del conejo y revuelva. Justo antes de servir,
añada la crema y lleve a ebullición. Sirva el conejo decorado con las lonjas de
tocineta o las tiras de tocino crujientes.

Para 4

Prep. 15 min
• cocinar 35–40 min

Conejo a la provenzal

Una receta francesa para saborear esta carne sana y fácil de cocinar

INGREDIENTES

2 cdas. de aceite de oliva

1,25 kg de conejo, cortado en 10 trozos

100 g de tocineta picada

1 cebolla blanca picada

4 dientes de ajo bien picados

1 ramita de romero y algo más para decorar

3 hojas de salvia

900 g de tomates sin piel y triturados

sal y pimienta negra recién molida

150 ml de vino blanco seco

200 ml de agua hirviendo

PREPARACIÓN

1 Caliente el aceite en una cazuela a fuego medio-alto y fría los trozos de carne 10 min o hasta que se doren bien. Retire la carne de la sartén y escúrrala en papel de cocina. Elimine casi toda la grasa que quede en la sartén.

2 Añada la tocineta y la cebolla a la cazuela y cocine 5 min o hasta que la tocineta se dore y la cebolla se ablande. Revuelva a menudo. Agregue el ajo, revuelva 30 s y después agregue el romero, la salvia y los tomates. Salpimiente al gusto. Cocine 10 min o hasta que los tomates empiecen a abrirse y espesarse. Revuelva con frecuencia.

3 Vuelva a poner la carne en la cazuela y añada el vino. Revuelva bien y cocine a fuego medio-alto 20 min o hasta que el caldo se reduzca ligeramente y la salsa se espese. Agregue agua hirviendo, revuelva y añada más sal y pimienta, si lo desea. Tape parcialmente, baje el fuego y cocine otros 10–20 min o hasta que la carne esté muy tierna.

4 Retire del fuego y deje reposar al menos 10 min. Sírvalo adornado con romero.

Para 4–6

Prep. 15 min, más reposo • cocinar 1 h 15 min

Cazuela resistente al fuego

Ragú de venado con champiñones silvestres

Este guiso a fuego lento concentra todos los aromas
del venado y los champiñones

INGREDIENTES

1 cda. de aceite de oliva
15 g de mantequilla
4 cebollas chalote en rodajas
115 g de tocineta en dados
600 g de venado* en dados
1 cda. de harina
3 cdas. de *brandy*
250 g de champiñones
   silvestres en rodajas
250 ml de caldo de carne
1 cda. de puré de tomate
1 cda. de salsa inglesa
1 cdta. de orégano seco
sal y pimienta negra recién molida

PREPARACIÓN

1 Caliente aceite y mantequilla en una cazuela y fría las cebollas y la tocineta
a fuego medio-alto hasta que empiecen a dorarse. Revuelva con frecuencia.

2 Añada el venado y fríalo 3–4 min o hasta que se dore uniformemente. Revuelva con
frecuencia. Agregue la harina, luego cocínelo 1–2 min o hasta que empiece a dorarse.

3 Agregue el *brandy* y revuelva 30 s. Añada los champiñones y el caldo y lleve a ebullición,
revolviendo constantemente.

4 Incorpore el puré de tomate, la salsa inglesa y el orégano. Revuelva y salpimiente
al gusto. Baje el fuego, cubra bien con una tapa y cocine a fuego lento 1 h 30 min–2 h o
hasta que el venado esté tierno (el tiempo de cocción depende de la edad del animal).
Sírvalo recién salido de la cazuela. Excelente con pasta, arroz hervido o papas.

---

*   Use cordero o alpaca como alternativa al venado.

Para 4

Prep. 15 min
• cocinar 1 h 30 min - 2 h

**Cazuela
resistente al fuego**

**Congelar hasta
tres meses;
descongelar antes
de recalentar**

Venado asado con salsa de mermelada de naranja

El sabor cítrico de esta salsa combina muy bien con el sabor
intenso de la carne de caza

INGREDIENTES

1,25 kg de pierna de venado*
1 cda. de aceite de girasol
3 cdas. de mermelada
   de naranjas amargas

Para la marinada

300 ml de vino tinto
1 cda. de azúcar morena
1 cda. de aceite de oliva
2 cdas. de jugo de naranja
1 cda. de jugo de limón
1 diente de ajo picado
$^1/_2$ cdta. de granos de pimienta
   negra triturados

PREPARACIÓN

1 Ponga el venado en una bandeja grande no metálica. Mezcle bien los ingredientes
de la marinada, cubra la carne con ellos y guárdela tapada en el refrigerador 24–48 h.

2 Precaliente el horno a 220 °C (gas 7). Retire el venado de la marinada, séquelo con papel
de cocina y póngalo en una bandeja de horno. Déjelo enfriar 20 min a temperatura ambiente.

3 Áselo 20 min y luego baje la temperatura del horno a 190 °C (gas 5). Cuele la marinada y
mezcle la mitad con la mermelada. Rocíe la carne con la mezcla y vuélvala a introducir en el horno.
Ásela, vertiendo por encima su propio jugo de vez en cuando, durante 20 min o hasta que
esté a su gusto (el venado se suele servir a término medio).

4 Traslade el venado del horno a una bandeja caliente, tape sin apretar con papel de
aluminio y déjelo reposar 10–15 min antes de trinchar.

5 Entre tanto, retire la grasa del jugo con la espumadera, agregue la marinada restante
y revuelva. Llévelo a ebullición y déjelo hervir 4–5 min para que se consuma un poco.
Sirva la salsa con el venado. Ideal con vegetales cocinados ligeramente al vapor,
como zanahorias, habichuelas y espárragos.

Para 4

**Prep. 20 min,
más marinado
y reposo
• cocinar 40 min**

**Marinado
1–3 días**

---

* Use cordero o alpaca como alternativa al venado.

Salsa bearnesa

Creada en 1836, esta salsa francesa combina muy bien con un bistec

INGREDIENTES

2 cebollas chalote pequeñas bien picadas
3 cdas. de estragón picado
2 cdas. de vinagre de vino blanco
2 cdas. de vino blanco
1 cdta. de granos de pimienta triturados
3 yemas de huevo
200 g de mantequilla sin sal troceada y ablandada
sal y pimienta negra recién molida
1 cda. de jugo de limón

PREPARACIÓN

1 Ponga las cebollas, 1 cda. de estragón, el vinagre, el vino y los granos de pimienta en una cacerola no metálica. Cocine 2 min o hasta que se consuma la mitad, como mínimo. Pase por un colador y deje enfriar.

2 Ponga las yemas de huevo y 1 cda. de agua en un bol resistente al calor encima de una olla con agua hirviendo. El bol no debe tocar el agua. Añada el caldo enfriado y los trozos de mantequilla, uno tras otro, batiendo hasta que se derritan y se mezclen bien. Salpimiente, agregue el jugo de limón y el estragón restante, y sirva de inmediato.

Para 4

Prep. 10 min
• cocinar 5 min

91

Salsa de manzana

Las manzanas casan a la perfección con las carnes de sabor intenso.
Esta salsa es ideal para acompañar al cerdo asado

INGREDIENTES

500 g de manzanas de postre
150 ml de agua
20 g de azúcar extrafina
jugo de ½ limón
media astilla de canela
una pizca de sal
30 g de mantequilla

PREPARACIÓN

1 Pele, descorazone y trocee las manzanas. Póngalas en una olla con el agua, el azúcar, el jugo de limón, la canela y la sal. Tape y cocine a fuego medio, moviendo la olla de vez en cuando, durante 12–15 min o hasta que las manzanas estén tiernas pero no secas. Deseche la astilla de canela.

2 Retire la sartén del fuego, agregue la mantequilla y bata la mezcla con un tenedor. Sírvala caliente o fría.

Para 4

Prep. 10 min
• cocinar 15 min

**Congelar hasta
tres meses**

GLOSARIO
TÉRMINOS Y EQUIVALENCIAS

Ajonjolí: sésamo.

Ají: chile.

Arveja: alverja, chícharo, guisante.

Cebolla blanca: cebolla dulce, cebolla cabezona, cebolla perla.

Cebolla chalote: escalonia, cebolla ocañera, chalota, cebolla paiteña.

Chucrut: repollo finamente picado mezclado con sal y fermentado.

Chutney: conserva agridulce que se usa para acompañar carnes y aves.

Crema agria: *sour cream.* Cuando no se consigue fácilmente a nivel local, puede prepararse mezclando una cucharada de jugo de limón con 200 g de crema de leche.

Cuchillo puntilla: cuchillo pequeño para pelar vegetales y frutas. A veces se usa para deshuesar.

Escalopas: escalopines, escalopes.

Frijol: fríjol, caraota, poroto.

Garam masala: mezclas de especias (picantes) molidas, muy comunes en la cocina del norte de India.

Habichuelas: vainitas, ejotes, porotos verdes, frijoles verdes, judías verdes.

Harissa: Salsa picante del norte de África, que se prepara mezclando 100 g de ajíes secos picados y sin semillas, 2 dientes de ajo pelados, 1/2 cdta. de sal, 1/2 cdta. de semilla de comino molida, 1 cdta. de semilla de alcaravea molida y aceite de oliva. Se bate todo en el procesador de alimentos y se guarda en un frasco con aceite oliva, por 3 a 4 semanas.

Judías: frijolito blanco.

Madeira: vino fortificado originario de las Islas Madeira de Portugal.

Papel sulfurizado: papel de horno, papel vegetal.

Pimienta de Jamaica: pimienta de Tabasco, pimienta dulce, pimienta gorda.

Pimiento: pimentón, morrón, ají dulce, chile dulce, locote.

Pudines de Yorkshire: obleas de masa horneada que se sirven como acompañamiento de carnes.

Rabo de buey: cola de buey.

Rebozar: técnica que consiste en cubrir un alimento con harina y huevo batido antes de freír.

Salsa inglesa: salsa Worcestershire.

Tocineta: tocino.

Tomate: jitomate.

Trinchar: cortar la carne en trozos antes de servir.

Vermú (vino rojo): Vermouth.

ÍNDICE

Londres, Nueva York, Melbourne,
Munich y Nueva Delhi

Diseño Elma Aquino

Auxiliar de edición Shashwati Tia Sarkar

Diseño de cubierta Nicola Powling

Producción Jennifer Murray

Índice analítico Marie Lorimer

DK INDIA

Consultoría editorial Dipali Singh

Diseño Neha Ahuja

Diseño de maqueta Tarun Sharma

Coordinación de maquetación Sunil Sharma

Coordinación de publicaciones Aparna Sharma

Material publicado originalmente en Reino Unido
en *The Cooking Book* (2008) y en *Cook Express* (2009)
por Dorling Kindersley Limited
80 Strand, Londres WC2R 0RL

Copyright © 2008, 2009 Dorling Kindersley
© Traducción en español Dorling Kindersley 2011

ISBN: 978-0-1424-2485-8

Impreso y encuadernado en South China Printing Co. Ltd, China

Descubre más en
www.dk-es.com